RÉPONSE

DE

M. DE GUIGNES,

Aux Doutes proposés par Monsieur DESHAUTESRAYES, sur la Dissertation qui a pour titre :

Mémoire dans lequel on prouve que les Chinois sont une Colonie Egyptienne.

A PARIS,

Chez MICHEL LAMBERT, Imprimeur-Libraire, rue & à côté de la Comédie Françoise, au Parnasse.

M. DCC. LIX.

RÉPONSE

DE

M. DE GUIGNES,

Aux Doutes proposés par Monsieur DESHAUTESRAYES sur la Dissertation qui a pour titre :

Mémoire dans lequel on prouve que les Chinois sont une Colonie Egyptienne.

J'Avois résolu de garder le silence sur les Doutes que M. Deshautesrayes vient de publier, parce que mon dessein n'est pas de m'engager dans aucune dispute littéraire, & que j'aime beaucoup mieux m'approcher de mon but, que de m'arrêter ainſi dans la route. D'ailleurs ces Doutes ne me paroiſſoient nullement fondés; mais comme on fait naître des difficultés pour avoir le plaiſir de les combattre, qu'on me fait dire ce que je n'ai pas dit, qu'on déguiſe en pluſieurs occaſions la vérité, & que par-là on ne laiſſe pas que d'en impoſer à la partie du Public qui n'entreprend pas d'examiner à fond cette matiere, j'ai cru devoir répondre en peu de mots, afin de détruire les impreſſions que ces Doutes peuvent faire naître.

Je cherche la vérité ſans détours. Je ſerai charmé que mes obſervations ſe trouvent fondées; mais ſi, par haſard, je venois à en découvrir le faux, je ſerois le premier à m'en déſiſter. Je recevrai avec plaiſir les avis ſolides dont on voudra bien me faire part; j'en ferai uſage; mais, je le répete, je ne veux point combattre perpétuellement des réflexions trop précipitées & qui n'ont point été méditées, telles que ſont les Doutes que je vais examiner. Ils ſont au nombre de vingt-trois, que je diviſe en trois claſſes.

PREMIERE CLASSE.

1°. Dans le premier doute, on ne trouve *ni probabilité ni vraisemblance à supposer que les Hieroglyphes tirent leur origine des Lettres alphabétiques.* Ce doute seroit fondé si je n'avois dit le contraire dans mon Mémoire, puisque, page 63, je pense avec M. Varburthon, que le premier alphabeth avoit emprunté ses élémens des hieroglyphes. Je me suis par-tout exprimé conformément à cette idée.

J'ai dit page 62 que les Lettres Beth, Daleth, Aïn, Schin, &c. étoient formées d'après la peinture de la chose signifiée; donc je faisois entendre que les hiéroglyphes avoient donné naissance aux Lettres alphabétiques. J'ai dit encore page 63, que M. l'Abbé Barthelemy avoit mis cette excellente Théorie dans un plus grand jour, & j'ai adopté son sentiment. Page 59 j'ai dit encore, *dè-là il est aisé de conclure que les Caracteres Chinois ont été dans l'origine de purs hiéroglyphes.* N'est-ce pas donner l'antériorité aux hiéroglyphes sur les lettres alphabétiques? Il est donc évident que ce doute eſt propoſé gratuitement.

2°. Le ſecond doute n'eſt qu'une répétition du premier, & on ne l'en a diſtingué que pour multiplier le nombre des difficultés apparentes.

3°. Dans le troiſiéme Doute, M. Deshautesrayes ſe preſſe un peu trop. Il falloit attendre un ouvrage plus étendu que la petite brochure que j'ai donnée & qui n'eſt qu'une annonce. C'eſt comme ſi, d'après un proſpectus, on alloit ſe plaindre qu'un Auteur n'a pas donné la ſolution de toutes les difficultés que préſente ſa matiere. Cependant il ne faut pas aller plus loin ſans faire quelques obſervations.

Auſſi-tôt, dit-on, que les caracteres alphabétiques furent inventés, les hiéroglyphes furent abandonnés aux Prêtres, qui en firent un myſtere. Je demande ici ſi l'on peut raiſonnablement ſoutenir cette aſſertion. Tous les monumens publics, toutes les petites figures deſtinées à la dévotion du Peuple étoient chargés d'hiéroglyphes ; étoit-ce afin qu'on n'y entendît rien ? Cela ne peut ſe ſoutenir. Adoptons cependant un moment un ſentiment ſi hazardé.

On fera obligé, dit-on, de transporter des Prêtres avec la Colonie. Je n'y vois aucun inconvénient ni aucune impossibilité. Mais en ce cas, ajoute-t-on, on demande 1°. Pourquoi ces Prêtres ont-ils permis à la Chine le libre usage des hiéroglyphes, pendant qu'ils étoient sur la réserve en Egypte? Je réponds, que je ne puis croire que les Prêtres seuls sçussent lire les hiéroglyphes. On demande 2°. pourquoi la Langue Egyptienne n'a pas prévalu à la Chine? 3°. Pourquoi les Prêtres Egyptiens n'y ont pas établi leur Religion? Je serois charmé que M. Deshautesrayes me dît, pourquoi la Langue & la Religion des Egyptiens n'ont pas prévalu dans la Gréce? Pourquoi les Francs n'ont pas donné leur Langue & leur Religion aux Gaulois vaincus? Pourquoi les Tartares n'ont pas fait de même à l'égard des Chinois qu'ils ont soumis? Je pourrois m'étendre sur ces articles; mais il me suffit pour le présent d'y répondre en peu de mots.

4°. M. Deshautesrayes dans son quatriéme doute, en conséquence du sentiment qu'il m'attribue, dit, » si les hié» roglyphes ont précédé l'écriture alpha-

» bétique, pourquoi M. de Guignes suppose-t-il que les hiéroglyphes communiqués aux Chinois par les Egyptiens, » étoient composés de lettres alphabétiques? « Ce doute n'est fondé que sur ce que M. Deshautesrayes n'a pas bien entendu mon Mémoire, où je dis que les Egyptiens ont communiqué leur écriture entiere aux Chinois, c'est-à-dire, leurs hiéroglyphes & leurs Lettres alphabétiques; ainsi sa question devient inutile, puisqu'une partie des caracteres Chinois sont des hiéroglyphes, les autres des lettres alphabétiques.

5°. On attaque dans le cinquiéme doute la comparaison que j'ai proposée pour rendre plus sensible la maniere dont je conçois que les Egyptiens ont transmis aux Chinois leurs hiéroglyphes. Il est de la nature des comparaisons d'être toujours défectueuses. Tout le monde connoît le proverbe. Si M. Deshautesrayes en sçait une plus exacte, je l'adopterai volontiers. Mais il ne doit pas ignorer qu'en rejettant cette comparaison, que je crois assez juste, le fait n'en existe pas moins. S'il n'y avoit de vrai que les faits desquels on peut dire qu'ils sont arrivés de telle ou telle façon, beaucoup de faits vrais se trouveroient faux. L'Amérique est peuplée, nous ignorons de quelle maniere elle l'a été. Je tâche d'expliquer comment les Egyptiens se sont conduits avec les Chinois; mais je ne me flatte pas de réussir, & ce peu de succès n'infirme pas le fait que je veux établir. Nous trouvons les Lettres Egyptiennes à la Chine, voilà le fait. Comment cela est-il arrivé? C'est sur quoi l'on m'attaque ici, & c'est ce que j'abandonne, parce que cela ne m'intéresse point. M. Deshautesrayes trouve une grande facilité à faire comprendre à des Sauvages le systême alphabétique. Nous pouvons en juger par le temps que des personnes d'un certain âge employent à apprendre à lire.

6°. Dans le sixiéme doute, l'Auteur est en contradiction avec lui-même. Comme je trouve dans les caracteres Chinois des Lettres Phéniciennes, il dit que les hiéroglyphes n'ont rien de commun avec ces lettres. Mettons ceci à côté du second doute, où il dit qu'Athotès, Roi d'Egypte, inventa les élémens de l'alphabet qui fut usité en Phénicie, en Chaldée, &c. Donc les Lettres Phéniciennes sont les mêmes que les lettres alphabétiques Egyptiennes, qui sont dérivées des hiéroglyphes, & ce sont ces dernieres que je retrouve dans un grand nombre de caracteres Chinois. Le reste du doute roule encore sur cette fausse supposition si rebattue, à laquelle je ne dois plus répondre, puisque je n'ai jamais dit que les lettres fussent plus anciennes que les hiéroglyphes.

7°. Dans le septiéme doute, M. Deshautesrayes témoigne sa surprise que je n'aie point fait usage du texte de S. Clément d'Alexandrie, préférablement à celui de Porphyre, sur les différentes sortes d'écritures qui étoient employées par les Egyptiens. Je n'ai nommé ni Porphyre ni S. Clément d'Alexandrie, parce que je n'ai voulu donner la préférence à aucun. Si je l'eusse fait, on auroit été en droit de me demander la raison de cette préférence; alors il m'auroit fallu citer les textes des deux Auteurs, les comparer l'un avec l'autre, distinguer ce qu'ils ont de commun de ce qui leur est particulier, assigner les défauts de l'un, examiner si l'autre n'en renferme point aussi quelqu'un, ou, du moins, essayer de les concilier, s'ils sont susceptibles de quelque conciliation. Je doute fort qu'un tel détail eût été agréable au Lecteur, & qu'il m'eût sçu gré de m'y être livré. Du moins il ne devoit point s'attendre de trouver dans un premier essai une discussion de cette nature, qui, d'ailleurs, est totalement étrangere à mon objet. Porphyre, S. Clément d'Alexandrie & tous ceux qui ont parlé des Caracteres Egyptiens, s'accordent en ce point, que ces Peuples se servoient de deux sortes d'écritures, l'une hiéroglyphique, & l'autre épistolique. Cela suffisoit au dessein que je m'étois proposé. Mon but étoit de retrouver chez les Chinois les deux sortes d'écritures que les Anciens & les Modernes nous assurent avoir été en usage dans l'Egypte. J'ai retrouvé chez les Chinois, non-seulement le caractere épistolique, mais encore l'hiéroglyphique, le symbolique & tous ceux qu'on peut regarder comme des subdivisions de l'hiéroglyphique; j'ai donc rempli mon objet, autant qu'il étoit possible de le faire dans un essai, où il ne devoit être question que d'exposer au Public mes premieres vûes sur les Caracteres Chinois.

Ceux qui seront curieux de voir lequel de ces deux Auteurs mérite la préférence, pourront consulter Monsieur Varburthon qui les a discutés avec autant de lumiere que d'érudition; & je serai fort surpris, si, après avoir lu le long Commentaire de ce Sçavant, ils se persuadent, comme M. Deshautesrayes, qu'il n'a pas entendu le Passage de S. Clément d'Alexandrie, & s'ils lui préferent l'explication du Chevalier Marsham.

Tels sont les premiers doutes proposés par M. Deshautesrayes. Il en a lui-même senti la foiblesse, puisqu'il ne les qualifie que de présomptions; car quelque force qu'il leur suppose, il n'ignore pas qu'une présomption n'eût jamais la force d'infirmer un fait établi. Mais quelles sont ces présomptions? On l'a vû; des idées que je n'ai point eues & que je n'ai point proposées; des allégations détruites par mon Précis que le Censeur avoit sous les yeux; des choses étrangeres à mon objet; enfin, des répétitions affectées pour grossir le nombre des objections.

SECONDE CLASSE.

Les doutes qui suivent ont un rapport plus direct à mon Ouvrage. Monsieur Deshautesrayes y critique la comparaison que j'ai faite des Caracteres Egyptiens & Phéniciens avec les anciens Caracteres Chinois. Cette Critique, je l'avoue, détruiroit tout ce que j'ai dit à cet égard, si elle étoit fondée; mais la seule représentation des anciens Caracteres Chinois suffit pour la faire tomber; & si M. Deshautesrayes eût consulté avec plus d'attention les Dictionnaires qui les contiennent, il se seroit épargné la peine de détailler ces Doutes, & à moi celle de lui répondre.

8°. Son huitiéme doute a pour objet ce que j'ai dit de la Lettre Phénicienne *Jod*, & du signe par lequel les anciens Chinois désignoient la main. Je conviendrai sans peine, avec M. Deshautesrayes, que le Caractere Chinois *Tchao* qui a quelque rapport avec le *Jod* Phénicien, ne signifie point la main; aussi n'est-ce point ce Caractere que j'ai employé. Mais M. Deshautesrayes ne sçauroit disconvenir que les deux Caracteres *Yeou* & *Tço* ne signifient la main gauche & la main droite, comme le *Jod* Phénicien désigne la main. La forme sous laquelle il a représenté ces deux Caracteres, n'est pas la seule qui leur ait été donnée par les Chinois. Il en est une autre que Monsieur Deshautesrayes n'a point apperçue. On peut voir sur la Planche les Caracteres *Tço* & *Yeou*, qui sont tracés en différens sens opposés : le premier signifie la main gauche, & le second la main droite. Or, ces deux Caracteres anciens ont une entiere ressemblance avec le *Jod* Phénicien. Les yeux seuls, comme le dit M. Deshautesrayes, peuvent en juger. Une ressemblance si marquée ne paroît pas être l'effet du hazard; elle annonce au contraire l'origine commune de ces Caracteres.

Voyez la Planche N°. 4.

9°. Dans le neuviéme Doute, Monsieur Deshautesrayes avance que le Caractere *Ye* n'a presque aucun rapport pour la figure avec l'*Aleph* Phénicien. Sa critique restrainte par ce *presque*, est un aveu qu'on peut, du moins, appercevoir quelque ressemblance entre ces deux Caracteres; mais pour faire disparoître cette ressemblance, il prétend que le Caractere *Ye* n'est que la petite ligne horisontale qui se voit à côté de la figure qu'il a fait graver, & que les

Voyez la Planche N°. 1.

traits qui la couvrent n'ont été ajoutés qu'après coup, pour arrêter la mauvaise intention de ceux qui voudroient altérer les Chiffres. Ce sont-là des suppositions gratuites & des conjectures sans preuves. La précaution d'une figure étrangere ajoutée au Caractere, n'est pas suffisante pour arrêter la mauvaise volonté d'un faussaire. Admettons cependant la supposition. M. Deshautesrayes, du moins, ne pourra pas nier que ce Caractere *Ye* ne soit souvent dans la composition des Caracteres antiques une ligne perpendiculaire, comme l'*Aleph* l'est dans les Alphabets Orientaux; mais si on rejette cette conjecture non prouvée, & qu'on regarde ce Caractere comme un Caractere ancien, tel qu'il l'est en effet, on sera forcé de convenir de sa conformité assez exacte avec l'*Aleph* Phénicien; & cette conformité eût été plus sensible aux yeux des Lecteurs, si M. Deshautesrayes eût fait graver le Caractere Phénicien dans la même proportion que le Caractere Chinois.

Quant à la signification, je pense que M. Deshautesrayes ne me contestera point que le Caractere *Ye* ne signifie *premier*. De cette signification dérive celle de prééminence que l'*Aleph* a encore dans toutes les Langues Orientales. Cette idée de premier ne lui a été attachée dans ces Langues, que parce qu'il se trouve à la tête de tous leurs Alphabets. Je demande à M. Deshautesrayes pourquoi le Caractere Chinois qui lui ressemble & qui représente la même idée, tient aussi le premier rang dans l'ordre des Caracteres ?

10°. Dans le dixiéme doute sur le *Daleth* des Hébreux & des Phéniciens, M. Deshautesrayes se condamne lui-même. Une simple vûe du Caractere Phénicien *Daleth* & du Chinois *Hou*, tels qu'il les a lui-même fait graver, auroit dû lui en faire appercevoir la parfaite ressemblance, & l'arrêter dans sa critique, puisque cette ressemblance me suffisoit pour l'établissement de la proposition que j'avois avancée. S'il eût porté ses recherches plus loin, il auroit encore trouvé dans les différentes formes des Caracteres *Hou* & *Muen* qui

Voyez la Planche N°. 3. désignent une porte, des figures dont la conformité n'est pas moins sensible avec le *Dalcth* Phénicien. Ces mêmes recherches lui auroient fait découvrir le Carac-

tere

tere Chinois, qui exprime une porte; figuré comme le *Daleth* des Hébreux, à la ſeule différence qu'il eſt retourné. De ſemblables différences ſe remarquent dans les Langues dont les Alphabets ſont empruntés des Phéniciens, ſans faire méconnoître leur origine. La conformité des traits qui forment ces différens Caracteres ſe trouve ſoutenue par leur ſignification commune, puiſque *Hou* ou *Muen* en Chinois ſignifient une porte, comme le *Daleth* en Hébreu & en Phénicien, ce qui ne peut être nié par M. Deshautesrayes.

11°. La repréſentation des figures eſt la ſeule réponſe que j'aie à faire à M. Deshautesrayes ſur l'onziéme Doute qu'il propoſe. Le Caractere *Mo* qui ſignifie un œil, comme l'*Ain* chez les Orientaux, eſt un *O* ou un petit cercle. On le voit par les figures mêmes qu'il a fait graver. Quelques lignes ou points ajoutés dans le cercle, ne défigurent point ce Caractere, & n'empêchent point de le reconnoître. On ſçait que les mêmes Caracteres, en paſſant d'un Peuple à un autre, ont ſouvent ſubi quelque altération; mais les traits principaux que les changemens n'ont point effacés, atteſtent toujours leur origine. Voyez la Planche N°. 5.

12°. Sur le douziéme Doute, je convient qu'il faudroit avoir bien de la complaisance pour trouver qu'une Lettre Phénicienne, qui n'est composée que de trois traits, a de la ressemblance avec un Caractere Chinois composé de quinze traits; mais M. Deshautesrayes auroit dû se rappeller qu'il ne s'agit point ici du Caractere moderne. Sans une complaisance outrée on peut trouver quelque rapport entre l'ancien Caractere Chinois *Tchi* & le Caractere Phénicien *Schin*. Ce rapport s'entrevoit dans une des figures que M. Deshautesrayes nous a lui-même données. On y trouve trois dents de chaque côté comme dans le *Schin* Phénicien; mais ce rapport eût été beaucoup plus sensible, si l'on eût représenté les anciens Caracteres. Le *Tchi* s'y trouve peint comme un demi-cercle, auquel tiennent intérieurement de chaque côté trois dents, ou comme une portion de cercle surmonté de quatre dents. Ces figures dont on ne peut contester le rapport avec le *Schin* Phénicien, ont été visiblement formées de l'ancien Hiéroglyphe, ou de la peinture d'une machoire garnie de ses dents; mais en passant du Caractere hiéroglyphique au

Voyez la Planche N°. 7.

Caractere épistolique ou alphabétique ; la masse entiere de la peinture n'a point subsisté, elle a été simplifiée, & l'on n'en a conservé que les traits suffisans pour donner une idée du tout. Ces altérations sont même prouvées par les Caracteres Chinois qui sont plus ou moins chargés de dents. La conformité marquée entre l'ancien Caractere Chinois & le Caractere Phénicien se trouve encore soutenue ici, comme dans les autres, par une signification commune. De l'aveu de M. Deshautesrayes l'ancien Caractere Chinois *Tchi* désigne la machoire & les dents comme le *Schin* des Phéniciens.

13°. Il en est du treiziéme doute, comme du précédent. M. Deshautesrayes y suppose que j'ai comparé le *Beth* des Hébreux avec les trois Caracteres Chinois modernes qu'il a représentés. Pouvoit-il oublier que, me proposant de trouver l'origine de l'Ecriture Chinoise, je devois écarter les Caracteres modernes pour ne faire attention qu'aux anciens? S'il eût consulté, comme il le devoit, ces Caracteres anciens, il auroit trouvé parmi eux le Caractere *Fang*, dont la seule inspection, sans aucune Voyez la Planche N°. 2.

prévention, annonce sa conformité avec le *Beth* des Hébreux ; & il auroit remarqué que ce Caractere en Chinois signifie *clorre*, *enfermer*, *environner*, qui est l'idée attachée au *Beth* des Hébreux & des autres Orientaux.

Le reproche que me fait Monsieur Deshautesrayes de mettre à contribution les différens Alphabets Orientaux pour en comparer les élémens avec les Caracteres Chinois, ne peut être sérieux de sa part. Il avoue lui-même l'origine commune des Caracteres alphabétiques des divers Peuples de l'Orient ; répétons son aveu : *Athotès*, nous dit-il, *inventa les élémens de l'Alphabet. La facilité de cette derniere Ecriture en répandit promptement l'usage non-seulement dans toute l'Egypte, mais encore en Phénicie, dans la Chaldée & dans plusieurs autres Royaumes.* Mais Monsieur Deshautesrayes n'eût-il point fait cet aveu, leur origine ne seroit pas moins certaine. La comparaison des différens Alphabets Orientaux suffit pour convaincre qu'ils dérivent tous de la même source, & que dans leur principe ils sont un seul & même Alphabet. Si des traits par lesquels sont formés les Caracteres de cet Alphabet, on eſt en droit de conclure qu'ils ſont originairement Egyptiens ou Phéniciens, la découverte de ces mêmes traits dans les anciens Caracteres Chinois n'opere-t-elle pas la même concluſion, ſur-tout lorſque cette conformité de traits ſe trouve jointe à l'uniformité de la ſignification?

14°. Le quatorziéme Doute eſt détruit par l'inſpection ſeule du Caractere Chinois *Hia* qui en eſt l'objet. Voyez la Planche N°. 8. Quelque déterminé que ſoit Monſieur Deshautesrayes à contredire indiſtinctement tout ce que j'ai avancé, je n'imagine point qu'il puiſſe nier que ce Caractere *Hia* ne ſoit composé de *Ya*, qui ſignifie les dents, & du Caractere *Muen*, qui déſigne une porte. Ces deux Caracteres étant, comme on l'a vû ci-deſſus, les mêmes que le *Schin* & le *Daleth* des Hébreux ou des Phéniciens, il en réſulte pour la prononciation *Schad*; mais le Caractere *Muen*, qui eſt le *Daleth* Phénicien, étant doublé, j'ai été autoriſé à lire *Schadad*. Il eſt vrai que le Caractere Chinois n'eſt composé que de deux radicales; mais il faut obſerver, comme je viens de le dire, & comme on le voit dans la figure donnée par M. Deshautesrayes, que l'une de ces radicales est doublée. La conformité de signification du Caractere Chinois avec celle du mot Hébreu ou Phénicien qui s'y retrouve, est aussi avouée par M. Deshautesrayes. Il convient, d'après son Dictionnaire, que le mot Chinois signifie faire une ouverture, déchirer. C'est une des idées attachées au mot Phénicien *Schadad*, qu'on prononce aussi *Schadd*. La difficulté de M. Deshautesrayes est donc sans objet, & se trouve détruite, soit par la figure du Caractere qu'il produit, soit par la signification qu'il ne peut s'empêcher de lui donner.

15°. Au lieu de *la plûpart*, lisez *plusieurs*, & l'on verra tomber la difficulté élevée par M. Deshautesrayes dans son quinziéme Doute, sur le nombre des Rois d'Egypte dont les noms sont terminés en *phis*.

Il ne peut croire que j'ai trouvé le mot *Phii* dans le Caractere Chinois *Kiun* qui signifie Prince ou Roi. S'il eût voulu ouvrir le Dictionnaire des anciens Caracteres Chinois, son doute n'auroit pas subsisté long-temps. Il y auroit trouvé ce mot *Kiun* exprimé par deux *Jod* Phéniciens accolés ou à côté

Voyez la Planche N°. 9.

l'un de l'autre avec un *Phé* entre deux. Ces trois Caracteres ainsi réunis, donnent certainement le mot *Phii*.

La signification déterminée que M. Deshautesrayes convient que le mot *Kiun* a en Chinois, & le résultat des Caracteres Phéniciens avec lesquels les Chinois ont peint ce mot, m'ont conduit à conjecturer que le mot *Phis* qui se trouve à la fin des noms Egyptiens, répondoit à ce Caractere.

16°. Dans le seiziéme Doute M. Deshautesrayes prend le ton haut & décisif; mais ce ton, fût-il encore plus élevé, ne décide rien. Pour critiquer à son aise, il adopte ou il écarte à son gré ce qu'il lui plaît. Il trouve dans quelques-uns des Caracteres que j'ai cité des Hiéroglyphes qui ont pû être inventés par différens Peuples, sans aucune communication entr'eux; mais il passe sous silence des Caracteres symboliques, qui, étant arbitraires de leur nature, décelent une origine commune, & ne peuvent partir que d'une même source. Ainsi il ne dit rien de l'aîle éploiée, qui, parmi les Chinois signifie le Ministre d'un Prince, ni du bonnet qui, chez le même Peuple, désigne

Voyez la Planche N°. 10 & 11.

une grande charge dans l'Etat. Que M. Deshautesrayes jette les yeux sur les monumens Egyptiens, il y trouvera ces ſymboles ſouvent retracés.

La haine, ai-je dit, s'exprimoit chez les Egyptiens & chez les Chinois par deux Animaux antipatiques. Cet exemple, ſelon M. Deshautesrayes ne peut être concluant, parce qu'il faudroit encore que ces animaux fuſſent les mêmes dans le Hiéroglyphe uſité chez l'un & l'autre Peuple. Ce raiſonnement ſuppoſe que les Egyptiens eux-mêmes ſe ſervoient invariablement des mêmes animaux pour exprimer cette paſſion; mais cette ſuppoſition eſt contraire à ce que nous connoiſſons des anciens Hiéroglyphes de ce Peuple. La lecture d'Horus Apollo que M. Deshautesrayes a faite, a dû lui apprendre que les Egyptiens employent ſouvent différens ſymboles pour exprimer la même idée, comme ils repréſentoient quelquefois des idées différentes par un même ſymbole.

L'Hiéroglyphe uſité chez les Egyptiens pour exprimer la haine, étoit, continue M. Deshautesrayes, le poiſſon. Cet animal, je l'avoue, faiſoit partie de l'un des symboles en usage pour désigner cette passion; mais il n'étoit pas le seul, il falloit qu'un autre lui fût joint. La nature du symbole l'exigeoit, sans cela il eût été inintelligible. L'idée de la haine étant une idée relative, on devoit trouver quelque relation dans le symbole sous lequel on la représentoit; il étoit donc nécessaire de joindre au poisson un autre animal qui fût son ennemi & qui eût une antipatie marquée contre lui; c'est ce qui me porte à croire que dans l'Inscription symbolique du Temple de Sais, il ne faut point séparer l'épervier du poisson, & qu'on doit la traduire ainsi : *O vous qui naissez & vous qui mourez*, c'est-à-dire, jeunes & vieux, *haïssez ou détestez l'impudence.* S. Clément d'Alexandrie dans l'explication qu'il nous a donnée de cette inscription, a détaché la figure de l'épervier de celle du poisson & les a regardés comme deux symboles différens, l'un de la divinité, & l'autre de la haine. Il s'est vraisemblablement persuadé que l'épervier ne pouvoit être chez les Egyptiens le symbole que de la Divinité, ou des Etres auxquels ils l'attribuoient; mais cet oiseau étoit le symbole de plusieurs choses différentes ; on l'employoit seul pour exprimer aussi l'élévation, l'abaissement, le sang, la victoire, un avare, un homme léger à la course, &c. mais lorsqu'il entroit dans la composition d'un symbole, comme dans l'inscription du Temple de Sais, & qu'il se trouvoit joint à un autre animal, il marquoit la haine.

M. Deshautesrayes conteste le dernier exemple que j'ai rapporté de la conformité des Hiéroglyphes Chinois avec ceux des Egyptiens. Cet exemple est celui d'un cercle avec un petit animal au milieu, que j'ai dit être le symbole du Soleil chez les deux Peuples. M. Deshautesrayes m'auroit fait grace sur l'Hiéroglyphe Egyptien, si au lieu d'un petit animal j'eusse dit un Scarabée, qu'il me permettra cependant de mettre dans le genre des animaux, quoiqu'il soit compris dans la classe des insectes. Pour l'Hiéroglyphe Chinois, je suis encore forcé de le renvoyer à son Dictionnaire des anciens Caracteres. Qu'il se donne la peine de l'ouvrir, il y trouvera un oiseau ou insecte volant au milieu d'un cercle employé pour exprimer le Soleil, de la même maniere que les Egyptiens le représentoient.

Voyez la Planche N°. 11.

Ce même Dictionnaire lui apprendra encore que chez les anciens Chinois le Caractere *Chang* qui signifie haut, élevé, s'écrivoit par une ligne horisontale ou par une ligne courbe, avec un point ou une boule au-dessus. Qu'il consulte aussi les monumens Egyptiens, les Obélisques, la Table Isiaque, &c. il y retrouvera ce même Hiéroglyphe, dont la signification ne paroît pas devoir être équivoque. Sa position au-dessus du symbole du Soleil & dans le même cercle, ne permet pas de douter qu'il ne signifie haut & élevé, épithète qui convient à cet Astre que les Egyptiens regardoient comme le Dieu très-haut.

Voyez la Planche N°. 13.

Troisiéme Classe.

Les Doutes que M. Deshautesrayes propose ensuite contre ce qu'il lui plaît d'appeller mes Preuves historiques, n'ayant point de rapport à la conformité des anciens Caracteres Chinois, avec les Caracteres Egyptiens, que j'ai commencé d'établir, je pourrois me dispenser d'y répondre. Aux faits le plus solidemement constatés il s'en trouve souvent d'accessoires qui y sont joints & qui sont susceptibles de difficultés ; mais ces difficultés n'ébranlent point la certitude des faits principaux, lorsqu'elle se trouve prouvée. Quand donc parmi ces nouveaux doutes il s'en trouveroit quelqu'un auquel je ne serois pas en état pour le présent d'opposer une solution entierement satisfaisante ; je vais même plus loin, quand il resteroit encore quelque difficulté de cette nature, lorsque j'aurai établi mon systême & que je l'aurai prouvé, je ne me croirai point obligé de l'abandonner, ni même d'y changer la moindre chose.

Examinons cependant si les nouvelles difficultés de M. Deshautesrayes sont aussi tranchantes qu'il le suppose ; mais auparavant je ne puis me dispenser de réclamer sa bonne foi. Lui permettoit-elle de présenter ce qui termine mon Précis comme des preuves historiques de ma part ? N'a-t-il pas dû s'appercevoir en le lisant que je n'offrois encore que de simples conjectures, auxquelles même je ne tenois pas beaucoup ? Mes expressions qui marquoient mon doute & mon incertitude pouvoient-elles lui en donner une autre idée, & la précaution que j'ai prise de déclarer expreſſément que je n'affirmois encore rien, n'étoit-elle pas ſuffiſante pour le faire juger du dégré de valeur que je donnois moi-même à ces prétendues preuves? En effet, je ne les ai expoſées que comme de premieres vûes, que je me ſuis réſervé la liberté de ſoumettre à un nouvel examen, & même d'abandonner, ſi je ne les trouvois pas ſuffiſamment autoriſées.

17°. M. Deshautesrayes pouvoit le conclure de la maniere dont j'ai propoſé ce que j'ai dit de cette Nation ſauvage & barbare qui ſubſiſte à la Chine, & qui s'eſt retirée dans les montagnes, d'où elle fait des courſes dans les environs. Je n'ai point affirmé que ce fût un reſte des anciens Sauvages du Pays, qui, à l'arrivée des Egyptiens, s'étoient retirés dans les montagnes; je me ſuis contenté de demander en doutant, ſi on ne pouvoit pas les regarder comme tels. Si je n'ai point ajouté que cette Nation ſauvage s'appelle *Miao*, *San Miao*, & *Miaoſſé*, c'eſt parce qu'il étoit aiſé de la reconnoître à ce que je diſois, & que d'ailleurs n'écrivant point l'Hiſtoire de la Chine, une déſignation plus particuliere devenoit inutile. L'impoſſibilité que M. Deshauteſrayes trouve à concilier ce qu'on lit dans les Hiſtoriens Chinois des commencemens des Guerres de cette Nation ſous *Yao*, & même antérieurement, avec l'époque de ma Colonie Egyptienne dans la Chine, pourroit être une objection pour celui qui admettroit l'authenticité de l'ancienne Hiſtoire Chinoiſe relativement à la Chine; mais elle n'en eſt point une pour moi qui révoque en doute cette authenticité. (*) Ce que je penſe de cette partie de l'Hiſtoire Chinoiſe eſt ſuffiſamment expoſé dans le précis de mon Mémoire; & M. Deshauteſrayes, pour éviter le ſophiſme, auroit dû s'abſtenir, du moins quant à préſent, d'en tirer aucune induction contre moi.

18°. Il m'accuſe d'infidélité, parce qu'en diſant qu'il y a des Peuples dans le *Tatſin*, qui ont une origine commune avec les Chinois, je n'ai pas ajouté que ce trait eſt tiré de Matuonlin. Cette critique ne ſe trouve placée ici que pour

(*) Voyez ma Lettre inſérée dans le Journal des Sçavans du mois de Décembre 1757 Tome I, & dans le V Tome de mon Hiſtoire des Huns.

faire parade d'érudition Chinoise; car que ce fait soit rapporté par Matuonlin ou par quelque autre, il n'en est pas moins vrai qu'il se trouve dans l'Histoire Chinoise. Un Auteur qui rapporte un fait consigné dans quelque Historien d'une Nation a-t-il jamais été regardé comme infidele, parce qu'il n'aura pas voulu, ou qu'il aura oublié de désigner l'Historien où il a puisé ce fait, sur-tout quand il ne le juge pas essentiel à l'objet qu'il traite? Ne suffit-il point pour l'exactitude qu'il ne l'ait point imaginé & qu'on lise effectivement ce fait dans un Historien?

M. Deshautesrayes ne peut disconvenir que par le *Tatsin*, les Chinois n'aient entendu l'Empire Romain, & n'est-il pas certain que l'Egypte faisoit partie de cet Empire? Sa critique tombe sur l'étendue que Matuonlin a donnée à l'Empire Romain, dans lequel il prétend qu'il n'a point compris l'Egypte; mais il n'ignore pas que les Ecrivains Chinois sont dans l'usage de s'exprimer comme le faisoient leurs Ancêtres; & que ces derniers ayant compris l'Egypte dans le Pays de *Tatsin*, Matuonlin a dû aussi l'y comprendre. La prétendue preuve du contraire alléguée par M. Deshautes-rayes n'eſt qu'une propoſition conditionnelle, dont on peut lui conteſter l'application. Si le *Jo choui* n'eſt pas la mer morte, comme il le prétend, le Pays de *Si-vang mou* ne ſera ni la Syrie ni l'Egypte. Ces noms pouvant déſigner une autre mer & un autre pays, ſon raiſonnement perd toute ſa force. Il a bien ſenti qu'on pouvoit lui conteſter l'explication de ces noms; car il permet de ſuppoſer que Matuonlin, en parlant de ceux du Pays de *Tatſin*, qui ont une origine commune avec les Chinois, avoit en vûe les Egyptiens; mais pour détruire l'induction qui ſuit naturellement de cette ſuppoſition, il demande ſi les Egyptiens tirent leur origine des Chinois, & il ne fait pas réflexion qu'il a lui-même répondu à ſa queſtion, en nous renvoyant à l'amour-propre des Chinois. En effet, cette Nation vaine qui s'éleve au-deſſus de toutes les autres, aura bien voulu ſe perſuader que ceux mêmes auxquels elle étoit redevable de ſon Gouvernement & de ſa Police, lui devoient leur origine.

19°. Tout ce qu'ajoute M. Deshautesrayes ſur la réputation des Chinois,

ſur

ſur l'authenticité de leurs écrits, n'eſt, comme je l'ai déja fait obſerver, qu'une pétition de principe, qui, dans la diſpute, ne produit que des ſophiſmes. Il auroit dû faire attention que, puiſque je révoquois en doute la certitude de l'ancienne Hiſtoire Chinoiſe relativement à la Chine, cette même Hiſtoire ne pouvoit plus lui fournir d'armes contre moi.

Les prétendues difficultés contenues dans le même article ne ſont pas aſſez réfléchies de ſa part. Il lui paroît que les Princes Chinois Egyptianiſés ſe ſeroient mépriſés eux-mêmes, s'ils avoient quitté leurs propres noms pour les remplacer par des monoſyllabes. Les Princes dont il s'agit n'ont jamais regné à la Chine, mais en Egypte; & ce ſont les Egyptiens qui, long-temps après, ont porté une Chronique ancienne de l'Egypte, dont ils ont fait la tête de l'Hiſtoire Chinoiſe. Ainſi ces Princes ne veilloient point à ce qu'on les appellât par leur véritable nom. Je ne ſçais comment M. Deshautesrayes n'a pas lû cela dans mon Mémoire.

Il eſt impoſſible que M. Deshautesrayes, & tout autre Sçavant, ſoient aſſez au fait de l'orthographe & de la dans ce nom ; mais ici, comme ailleurs, il n'a pas osé hazarder une objection directe ; il a préféré cette attaque indirecte, quoiqu'il ne puisse ignorer que chez les Orientaux les Princes sont plus souvent nommés par les qualifications qu'ils ont prises, ou qu'on leur a données, que par leurs noms propres.

La citation de Mengtzé, & les réflexions dont M. Deshautesrayes l'accompagne, retombent encore dans la pétition de principe ; elles supposent, ce qui est en question entre nous, l'authenticité de l'ancienne Histoire des Chinois, relativement à la Chine, que je conteste. On ne peut en faire aucun usage contre moi, que lorsqu'on sera en état de juger des motifs de mon doute, c'est-à-dire, lorsque je les aurai produits, & qu'on les aura solidement réfutés.

19°. M. Deshautesrayes paroît varier dans sa critique sur la signification du nomdu Fleuve *Hoang ho*. Après avoir dit qu'il n'a lû nulle part que ce Fleuve ait jamais porté le nom de Fleuve noir, il semble convenir qu'on peut l'appeller ainsi, lorsqu'il dit : *Quand même il auroit porté le nom de Fleuve noir*, il auroit pû ajoûter qu'il porte effectivement ce nom, puisque les Tartares, maîtres de la Chine, & qui entendent parfaitement le Chinois, le nomment *Cara moran*, qu'on ne peut traduire que par le Fleuve noir. Il en est du nom de ce Fleuve, comme de celui du Nil, que les anciens Naturels du Pays & les Phéniciens nomment *Schikhor*, dont la racine, dans leur Langue, signifie aussi-bien être noir qu'être jaune.

20°. On peut, sans refondre toutes ses connoissances sur l'ancienne Histoire d'Egypte, admettre des Rois dans ce Pays avant Menès. Immédiatement avant la fondation du Royaume de Thébes par ce Prince, l'Egypte sans doute n'étoit pas déserte. Elle étoit habitée par différentes Familles; ces Familles avoient leurs Chefs, & ce n'est point parler improprement, que de donner à ces Chefs le nom de Princes. Les Egyptiens eux-mêmes ne nous parlent-ils point d'un Osiris & d'un Orus qu'ils disent avoir regné avant Menès?

21°. M. Deshautesrayes critique & adopte en même-temps ce que j'ai dit de la Barbarie de la Chine 1500 ans après Menès. Il convient que deux des fils de *Tay-vang*, qui donna à sa Famille ou Dynastie le nom de *Tchéou*, mécontens de leur pere, parce qu'il destinoit l'Empire à leur cadet, ſe retirerent chez les Peuples Barbares qui habitoient le Midi de la Chine. N'eſt-ce pas-là avouer ce qu'on conteſte? Ces Barbares occupoient la Province de *Kiangnan*, où eſt *Nankin*, ancienne Capitale de la Chine, qui ſe trouve au milieu & pour ainſi dire au centre de l'Empire. Si cette Province, de l'aveu même des Auteurs Chinois, étoit encore toute barbare du temps du Fondateur de la Dynaſtie des *Tchéou*, qui eſt l'époque que je donne à la Colonie Egyptienne, que doit-on penſer des Provinces voiſines & plus méridionales? Ai-je donc eu ſi grand tort de dire, que 1500 ans après Yao la plus grande partie de la Chine étoit encore barbare?

22°. Si les Egyptiens, dit encore M. Deshautesrayes, établirent des Colonies à la Chine, ils durent y porter avec leurs Loix & leurs uſages la Doctrine de la Métempſycoſe qui fleuriſſoit en Egypte dès les premiers temps de la Monarchie. Cette objection eſt hazardée. M. Deshautesrayes pourroit-il nous aſſigner l'époque de la Doctrine de la Métempſycoſe en Egypte? Nous ſçavons par le témoignage d'Hérodote que cette Doctrine a pris naiſſance dans ce

Pays; mais cet Hiſtorien ne nous dit pas quand elle a commencé d'y être enſeignée, ni encore moins qu'elle remonte aux premiers temps de la Monarchie. Cette Doctrine étoit-elle univerſellement reçue dans toute l'Egypte ? Il y a lieu d'en douter. Ce Pays étoit diviſé en différens Royaumes, & chacun d'eux avoit ſon culte particulier; la Religion de Thébes n'étoit pas celle de la Baſſe Egypte, la Théologie par conſéquent devoit être différente; une partie ſans doute admettoit des dogmes que l'autre rejettoit. Enfin, que répondroit M. Deshautesrayes à celui qui ſe ſerviroit d'un argument pareil au ſien pour nier que les Egytiens ayent jamais conduit des Colonies dans la Gréce ? Si, lui diſoit-on, les Egyptiens ont établi des Colonies dans la Gréce, ils ont dû y porter le ſyſtême de la Métempſycoſe. Or il eſt conſtant que les Grecs n'ont adopté que très-tard ce ſyſtême, poſtérieurement au temps où l'on place l'arrivée des Colonies Egyptiennes; il n'y a donc jamais eu de Colonie Egyptienne dans la Gréce. M. Deshautesrayes admettroit-il cette conſéquence ? S'il le faiſoit, toute l'antiquité qui conſtate l'arrivée de Cécrops à Athènes, & celle de

Danaüs à Argos, déposeroit contre lui. Il faut aussi qu'il avoue que l'introduction du dogme de la Métempsycose dans la Gréce est postérieure de plusieurs siécles à l'arrivée de ces deux Egyptiens dans le Pays. Les Grecs n'ont eu la premiere connoissance de ce dogme que par Pythagore, postérieur d'environ neuf cens ans à Cecrops & Danaüs. Ce Philosophe l'ayant reçu des Prêtres d'Egypte dans ses voyages, le communiqua à ses Disciples qui le répandirent ensuite parmi les Grecs. *Quel fil sera propre à diriger M. Deshautesrayes dans les détours de ce labyrinthe ?*

23°. Je n'ai rien à répondre à la citation du Journal de Trévoux, par laquelle M. Deshautesrayes termine ses doutes, ni aux réflexions qu'il y joint. Ce qu'a dit le Pere Berthier dans ce Journal peut m'intéresser, mais je n'en ai point fait usage.

FIN.

APPROBATION.

J'AI lû par ordre de Monseigneur le Chancelier un Manuscrit intitulé : *Réponse de M. de Guignes aux Doutes proposés par M. Deshautesrayes, &c.* & il m'a paru qu'on devoit en permettre l'impression. A Paris, ce 6 Octobre 1759. BARTHELEMY.

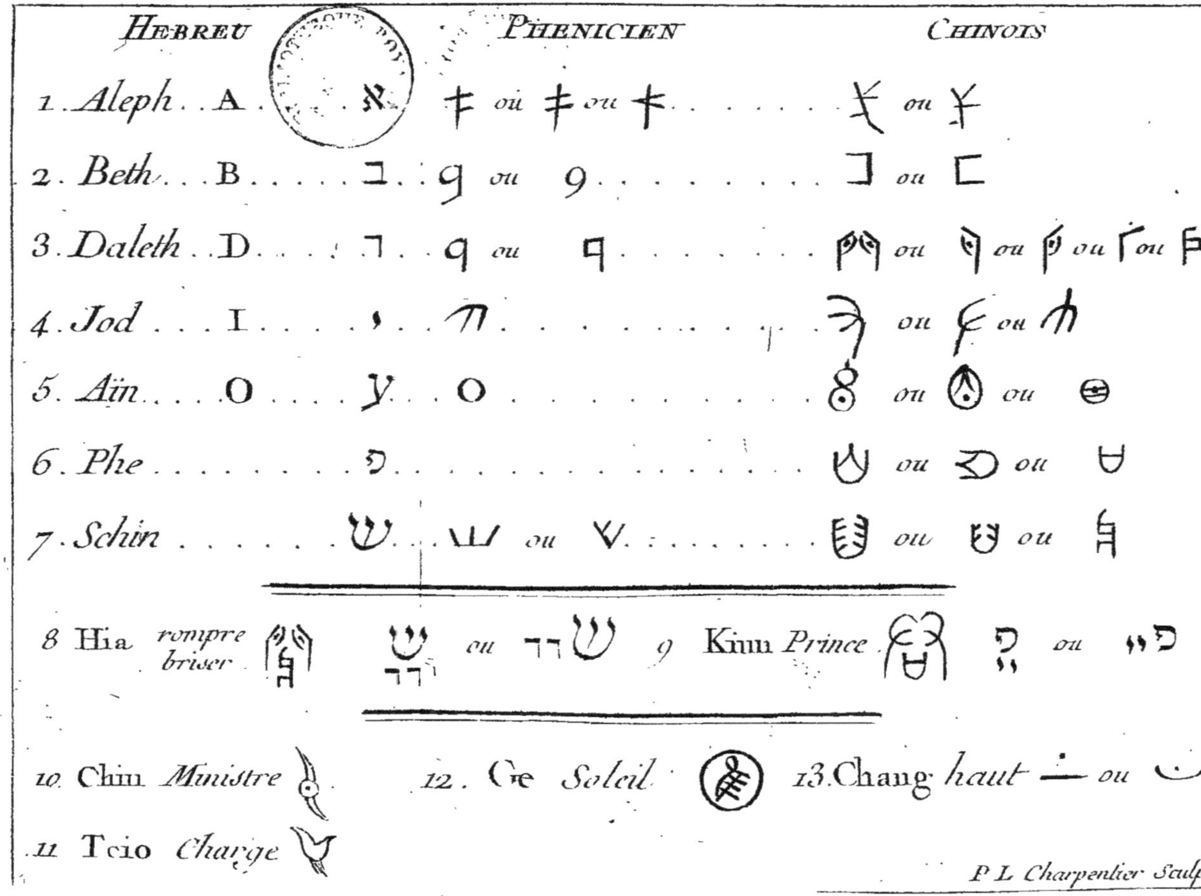
HEBREU
PHENICIEN
CHINOIS
1. Aleph . . A . . א
2. Beth . . B . . ב
3. Daleth . D . . ד
4. Jod . . . I . . י
5. Aïn . . . O . . ע . . O
6. Phe . . . פ
7. Schin . . . ש
8 Hia rompre briser
9 Kiun Prince
10. Chin Ministre
11 Tcio Charge
12. Ge Soleil
13. Chang haut
P L Charpentier Sculp.

www.ingramcontent.com/pod-product-compliance
Ingram Content Group UK Ltd.
Pitfield, Milton Keynes, MK11 3LW, UK
UKHW032009260826
14628UKWH00005B/2379

9 782013 346054